*124*
*8*

# THESE

## POUR LA LICENCE.

A LA MÉMOIRE DE MON GRAND-PÈRE!

A MA GRAND'MÈRE.

A MON PÈRE, A MA MÈRE,

AMOUR ET RECONNAISSANCE.

A MA SOEUR,

Amitié inaltérable.

A MA FAMILLE, A MES AMIS,

Dévouement.

# ACTE PUBLIC

## POUR LA LICENCE,

### EN EXÉCUTION DE L'ART. 4 DE LA LOI DU 22 VENTOSE AN 12,

SOUTENU

Par M. Bounaix (Jacques-Napoléon),

*Né à Allassac (Corrèze).*

# JUS ROMANUM.

**DIG. LIV. XII, TIT. VI. — INST. LIV. III, TIT. XXVII, § 6 et 7.**

*De condictione indebiti.*

Condictio indebiti personalis est actio quâ quis indebitum solutum repetere potest : quæ, quamvis stricti juris sit, tamen ex naturâ originem sumit, nam naturalis ratio suadet neminem cum alterius detrimento locupletiorem fieri.

Plurima requiruntur ut condictio de quâ agitur exerceri possit, et primum necesse est ut quod solutum est non deberetur, nam debiti soluti nulla repetitio est. Indebitum autem solutum accipimus non solum si omnino non debeatur, sed et si per aliquam perpetuam exceptionem peti non poterat, ita si nudum pactum de non petendo intervenisset et nihilominus debitor solvisset. Sed illud observandum est non omnes exceptiones, quamvis perpetuas, condictionem parere, nam in quibusdam vinculum æquitatis permanet et in plurimis digestorum locis reperimus naturalem obligationem obstare condictioni: talis est exceptio rei judicatæ, nam si reipublicæ interest ut res judicata pro veritate habeatur, nihilominus obligatio durat, et, si solvatur, solutum condici non potest; ejusdem generis est exceptio senatusconsulti Macedoniani, nam si filius familias, qui mutuam pecuniam accepit et perpetuâ exceptione tuetur, paterfamilias factus, solverit, hâc solutione probat pecuniam sibi numeratam esse et non repetere potest. — Quid autem dicendum est de obligatione quam pupillus sine tutoris auctoritate contraxit? Primum dicamus pupillum qui sine tutoris auctoritate solvit solutum repetere posse nam jus alienandi non habet et res soluta accipientis non facta est; sed quo casu non aget condictione sed vindicatione : cum autem pubes factus solvit, quæstio est an possit condicere solutum, et in lege 41 *De condictione indebiti* reperimus condictionem exercere posse quia, ut ait Neratius, pupillus nec naturâ debet. Sed multæ aliæ leges Digestorum pupillum naturaliter obligatum ferunt, unde dubium est an obligatus sit vel non : probabilior nobis visa est Vinnii sententia quâ pupillus repetere potest non precisè quia nulla obligatio naturalis subsit, sed quia personæ ejus hoc tributum est ne obligatio ei noceat : siquidem aliquando jurisconsulti loquuntur tanquam nec naturâ obligaretur pupillus nihil aliud significat quam quod ejus obligatio soluti retentionem non parit.

Nec sufficit indebitum esse quod solutum est ut condictio exerceri possit, adhuc necesse est ut solutio per errorem facta sit; nam qui, sciens non debere, solvit, plerumque donasse videtur et non repetere potest. Sed si quis nominatim solutioni hanc legem imposuit ut reddatur si postea apparuerit indebitum esse quod solutum est ex vero contractu accipientem obligat ad restituendum, nam dubitanti, ut erranti, repetitio æquè data est. — Error autem duplex est facti unus cum factum ignoratur ex quo jus oritur, alter juris cùm factum scitur sed quid jus tribuat ignoratur : unde quæsitum est quomodo accipiendum quod passìm definitur indebitum per errorem solutum repeti posse, de errore facti an etiam de errore juris? Si nulla subest naturalis obligatio evidens est ut repeti possit qualiscumque sit error, nam condictio indebiti ex naturâ venit et iniquum est detrimento alicujus locupletari. — Item dicendum est si quid jure civili sed non prætorio debetur nam æquitate tantum condictio excluditur. Inde qui errore juris solvit cum sibi exceptionem doli vel metus causa haberet condictionem exercere potest : quod confirmatur sententiâ Papiniani quâ nemini in damnis ignorantia juris nocet; cui quidem respondi poterit quod condicens non de amittendâ re sed de amissâ laboret, nam suam rem solutione amisit et condictio ad recuperandam tendit : sed illa responsio captiosa est, nam cum indebitum solutum condicimus damnum vitare volumus. Nec obstat lex 29 *Mandati-vel contra* quâ fidejussor qui ignorans se inutiliter obligari solvit non habet actionem mandati, nam in hac specie duo de damno vitando laborant et conveniens est ut is damnum patiatur qui erravit. — Quod autem si is qui solvit naturâ debebat hoc casu juris inter et facti errorem distinguendum erit : ecce cum filius familias mutuam pecuniam contra senatusconsultum accepi, et paterfamilias factus solvi, si per ignorantiam juris non repetam si per errorem facti contra. — Item is qui quartam ex causâ fideicommissi non retinuit : sed cum sæpissimè dubium est an error facti vel juris sit condici poterit, nam, ut aiunt jurisconsulti, in re obsturâ melius est favere repetitioni quam adventitio lucro.

Attamen sunt quædam causæ ex quibus indebitum per errorem solutum repeti non potest : hoc evenit specialiter cum lis in inficiando crescit : cujus nulla alia ratio reddi potest quam quod qui solvit videtur solvisse ne postea in duplum damnaretur, et ita quasi transigendo periculum dupli amovere voluisse. — Idem dicendum est, sed alià ratione, cum mulier dotem filiæ promisit et solvit, in ea opinione ut credat se obligatam, efficit pictatis ratio ut non repetat.

Condictio indebiti personalis est actio, ut jam diximus, nam cum aliquid tradimus falsa causa traditionis non impedit quin proprietas ad accipientem transeat; quapropter qui condicit non intendit solutam rem suam esse sed illam sibi ab accipiente transferendam.

Sed cum scimus quæ sit condictio indebiti et quando exerceatur videamus quid in illa veniat? Verum enim vero hoc omne condicitur quod in accipientem translatum est, sed quid dicendum est de fructibus? Quamdiu dominus non apparet, possessor bonæ fidei pro domino rei habetur; hinc fructus eum sequi debent; sed non aliter fructuum dominus videtur quam interim, scilicet donec verus dominus reposcat; quapropter in lege 15 *De condictione indebiti* videmus ut omne quod rei solutæ accessit venit in condictione utputa partus ex ancillâ natus, vel quod alluvione accessit, vel denique omnes fructus quos is cui solutum est etiam bonâ fide percepit.

### Positiones.

Potest-ne condicere qui, pacti exceptione tuitus, solvit? — Sine dubio.

Quid de eo qui exceptionem rei judicatæ habebat? — Condicere non potest.

Num pupillus qui solvit condicere potest? — Non condicit sed potius vindicat.

Quid de pupillo qui, pubes factus, obligationem sine tutoris auctoritate contractam solvit? — Condicere potest.

# CODE NAPOLÉON.

*De la capacité de donner et de recevoir à titre gratuit.*

Un des éléments les plus essentiels pour la validité des libéralités consiste dans la capacité des parties. En principe, toute personne est capable de donner et de recevoir ; mais la loi, en consacrant cette double capacité dans les art. 902 et 1123 du Code Nap., a dû la soumettre à certaines restrictions fondées, les unes sur la nature, et les autres sur l'ordre public et les bonnes mœurs.

Une question qui se présente au début de ce travail et que nous ne pouvons passer sous silence, bien qu'elle n'ait qu'un intérêt purement philosophique, est celle de savoir si la faculté de disposer par donation et testament dérive du droit naturel. Pas de difficulté pour la donation, car, de quelque manière qu'on envisage le droit de propriété, on est forcé de reconnaître que celui qui en est investi peut naturellement transporter sur une autre tête les avantages qu'il en retire ; mais pour le testament, qui ne produit d'effet qu'à la mort de son auteur, on conçoit que des doutes aient pu s'élever, et que certains esprits se soient laissés entraîner à ne voir en lui qu'une création du droit civil ; ils ont dit qu'une volonté éteinte par la mort ne peut faire aucune disposition, que d'ailleurs les successions légitimes, calquées sur les liens du sang, sont la destination naturelle des biens des mourants, et que le testament, en modifiant leur ordre, constitue plutôt une restriction qu'une émanation du droit naturel. Mais si nous consultons les actes les plus nombreux de la vie humaine, nous voyons qu'ils sont tous dominés par une espérance de l'avenir qui s'étend au-delà des bornes étroites de la vie : l'homme vit et travaille non-seulement pour lui, mais encore pour ceux qu'il laissera à sa mort, et le testament n'est que la consécration du lien moral qui le rattache à sa postérité. Sans doute, les successions légitimes, en faisant des biens des morts le partage exclusif de leur famille, sont conformes au droit naturel; mais les affections dont le siége habituel est la famille ne s'y concentrent pas toujours d'une manière absolue, et il est nécessaire d'avoir recours au testament pour les satisfaire.

### SECTION PREMIÈRE.

### Incapacités de donner.

### § 1ᵉʳ. — *Aliénés, prodigues.*

L'article 901 est ainsi conçu : *Pour disposer à titre gratuit, il faut être sain d'esprit*, et on doit reconnaître, en présence d'une disposition aussi générale, que le juge jouit d'une latitude complète pour constater l'existence de l'insanité et pour en déterminer la gravité.

Si nous rapprochons l'article 901 du titre de l'interdiction, nous voyons que ce titre contient plusieurs dispositions irritantes, par rapport aux actes consentis par une personne en démence, et nous allons rechercher si ces dispositions doivent se combiner avec l'art. 901., ou si cet article doit être considéré comme seul applicable aux libéralités. Cette question est complexe, et, pour la résoudre, il faut examiner successivement les articles 502, 503 et 504, et voir si les principes qu'ils consacrent doivent s'appliquer à la matière des libéralités.

L'article 504 dispose qu'après la mort du dément les actes par lui faits ne peuvent être attaqués que tout autant que l'interdiction a été prononcée ou du moins provoquée avant son décès, et cette rigueur s'explique par rapport aux contrats à titre onéreux qui ont procuré certains avantages au dément; mais, quand il s'agit d'un dépouillement gratuit, la loi doit exiger plus de perfection dans la volonté, et donner par suite une plus grande latitude pour l'action en nullité : cependant certains auteurs ont cru devoir, malgré les termes de l'art. 901, distinguer la donation entre vifs du testament, et décider que la donation doit, en qualité de contrat, être régie par l'art. 504. Mais cette distinction ne saurait être admise, car elle ne repose que sur une différence de nom; en effet, quelle que soit la forme d'une libéralité, sa nature reste la même, et la nullité peut être demandée pour cause de démence, alors que l'interdiction n'a été ni prononcée ni provoquée avant la mort du testateur.

L'article 503 ne permet l'annulation des actes antérieurs à l'interdiction qu'autant que la démence existait notoirement à l'époque où ils ont été passés, et on se demande si cette condition restrictive de l'action en nullité est applicable aux dispositions gratuites : la jurisprudence, par des motifs analogues à ceux que nous avons signalés plus haut, a débordé le texte de l'art. 503, et décidé que la notoriété de la démence n'était pas une condition indispensable de l'action en nullité.

*Quid* de l'article 502 ?

Cet article dispose que les actes faits par l'interdit sont nuls de plein droit, et il s'agit de savoir si cette disposition est applicable aux libéralités. Merlin soutient la négative, mais on objecte contre cette opinion, qui est aussi celle de M. Delpech, que le jugement d'interdiction qui intervient constitue un état légal d'incapacité, et que la présomption qui en résulte est du nombre de celles qui n'admettent aucune preuve contraire; à cette objection, qui ne manque pas de force, on peut répondre que l'interdiction est prononcée alors qu'il se produit de nombreux intervalles lucides, et que la présomption de la loi, absolue quand il s'agit de contrats intéressés, doit fléchir en matière de dispositions gratuites, conformément à la disposition générale de l'article 901.

Les physiologistes reconnaissent généralement que les monomanes, dont la raison est spécialement troublée sur un point, ne jouissent pas à l'égard des autres de tout leur jugement, et les jurisconsultes, raisonnant d'après leurs données, décident qu'ils ne peuvent pas plus que les furieux et les imbéciles faire de dispositions valables.

Il peut arriver que la raison ne soit qu'affaiblie, auquel cas les juges, loin de prononcer l'interdiction de celui qui est atteint de certaines faiblesses, se bornent à lui nommer un conseil sans lequel il ne peut faire aucun des actes consignés dans les articles 499 et 513; au nombre de ces actes se trouve l'aliénation, et on se demande si ces deux articles s'appliquent aux contrats à titre gratuit aussi bien qu'aux contrats à titre onéreux. La plupart des auteurs distinguent, conformément à l'opinion consacrée par la jurisprudence, la donation entre vifs du testament, et décident que la donation n'est valable qu'autant qu'elle a été faite avec l'assistance du conseil; mais cette distinction est inadmissible, car si, comme nous avons essayé de le démontrer, l'art. 901 est indépendant de l'art. 502, il l'est également des art. 499 et 513, et la donation faite par le prodigue est valable toutes les fois qu'elle a été faite avec discernement.

### § 2. — *Mineurs, femmes mariées.*

Jusqu'à l'âge de seize ans, le mineur ne peut disposer ni par donation ni par testament (art. 903); mais le législateur a pensé qu'il pouvait, à cet âge, avoir des affections sérieuses, et qu'il convenait de lui permettre, comme consolation dernière, de disposer par testament. Mais cette faculté, illimitée à certains égards pour le majeur, se trouve restreinte à la moitié des biens par rapport au mineur, et certains auteurs ont prétendu que cette restriction constituait une règle de disponibilité plutôt qu'une règle de capacité; toutefois, cette opinion est sans fondement, car si nous recherchons les motifs de l'article 904, nous voyons que la restriction qu'il apporte à la disponibilité du mineur se rattache uniquement à la faiblesse de son âge; que, d'ailleurs, il est beaucoup moins dangereux de lui permettre de disposer d'une partie de ses biens que de la totalité, et que par suite l'art. 904 contient une règle de capacité et de statut personnel.

Il peut arriver que le mineur, après avoir fait un testament, meure en majorité sans avoir changé ses dispositions, et l'on se demande si ce testament sortira à effet pour la totalité de ses biens; la négative n'est pas douteuse, car nous verrons, dans le cours de ce travail, que la capacité de tester doit exister à deux époques : au moment de la confection du testament et au moment de la mort du testateur.

L'incapacité des femmes mariées tient moins à la faiblesse de leur intelligence qu'à l'état de dépendance dans lequel elles se trouvent placées. Les libéralités touchent de la manière la plus directe aux intérêts matériels et moraux de la famille, et il importe que le mari qui en est l'administrateur suprême intervienne pour les valider; mais on se demande si l'autorisation de justice peut remplacer l'autorisation maritale; l'affirmative paraît résulter des dispositions combinées des articles 217, 219 et 905; mais en rapprochant ces textes des articles 1555 et 1556 qui en restreignent la portée, on voit que l'autorisation de justice ne peut jamais valider les donations de biens dotaux pour l'établissement des enfants communs, et à plus forte raison celles qui sont faites à des étrangers.

De ce que l'incapacité de la femme tient principalement à sa position dans la famille, rien ne l'empêche de disposer pour un temps où le mariage n'existera plus; aussi voyons-nous dans l'article 905 *in fine*, que ses dispositions testamentaires sont valables sans aucune autorisation.

### § 3. — *Condamnés à une peine afflictive et infamante perpétuelle.*

Avant la loi du 31 mai 1854, les condamnés à une peine perpétuelle étaient frappés de mort civile et incapables de toute espèce d'actes; aujourd'hui cette fiction n'existe plus, mais la loi qui l'a abolie a maintenu et reproduit dans son article 3 l'incapacité de disposer et de recevoir à titre gratuit, par donation et testament; elle a voulu proscrire des actes qui pourraient avoir le caractère d'une protestation contre la condamnation, et faire planer d'injustes soupçons sur le jury qui l'a prononcée.

### § 4. — *Faillis.*

L'article 446 du Code de commerce, relatif aux dispositions gratuites, est l'application exacte de la maxime *nemo liberalis nisi liberatus;* elle déclare nulles, non-seulement les libéralités qui ont été faites après la cessation des paiements, mais encore celles qui l'ont précédée de dix jours.

## SECTION II.

### Incapacités de recevoir.

On distingue les incapacités générales qui empêchent de recevoir toute espèce de libéralités des incapacités spéciales qui frappent dans certains cas certaines personnes légalement présumées coupables de captation.

### § 1er. — *Personnes non existantes.*

L'article 906 déclare que pour recevoir une libéralité, il faut être conçu, et on doit reconnaître que cette condition est loin de présenter un caractère absolu d'utilité morale, car l'enfant non encore conçu existe parfois dans la pensée et dans l'espérance de ses auteurs, et l'ordre public ne s'oppose en rien à ce qu'il soit gratifié ; le législateur moderne aurait peut-être mieux fait d'imiter sur ce point la législation romaine, et de permettre, comme elle, l'institution des posthumes.

### § 2. — *Condamnés à une peine afflictive et infamante perpétuelle.*

L'incapacité de recevoir, comme l'incapacité de disposer à titre gratuit, a été maintenue par la loi abolitive de la mort civile ; et ce qui peut paraître assez étrange au premier abord, c'est que cette loi a laissé au condamné le droit d'acquérir par successions : cette différence s'explique quand on considère la nature respective du testament et des successions. Le testament, bien qu'émanant du droit naturel, est un véritable bienfait pour celui qui s'y trouve institué, tandis que les successions ne font que consacrer des droits préexistants auxquels la génération a donné naissance ; il n'est pas étonnant par suite que le législateur, en abolissant la mort civile, ait permis au condamné de recueillir les successions auxquelles il serait appelé.

### § 3. — *Femmes mariées, mineurs.*

Il semble, au premier abord, que quand il s'agit d'acquérir à titre gratuit, les personnes dépendantes jouissent de la même capacité que celles que la loi ne soumet à aucune protection; mais il arrive fréquemment que les libéralités qui leur sont adressées sont soumises à des charges plus ou moins lourdes que leur protecteur légal doit apprécier. D'ailleurs son intervention se justifie, surtout par rapport à la femme, par des raisons qui tiennent à la dignité de la famille. Il importe, en effet, à tous les membres qui la composent, que la cause des libéralités faites à la femme soit à l'abri de tout reproche, et que ces libéralités n'aient pour objet qu'une affection sincère et légitime. Aussi trouvons-nous dans les articles 217 et 934 combinés, que l'autorisation du mari, ou à son défaut celle de justice, est nécessaire pour valider les libéralités faites à la femme.

Le mineur ne peut pas non plus accepter seul une libéralité, et il résulte des articles 463 et 935, que cette acceptation ne peut avoir lieu qu'après une délibération du conseil de famille et avec l'autorisation du tuteur. Toutefois, il faut observer que le second alinéa de l'article 935 étend aux ascendants le droit d'accepter pour le mineur, et on se demande si cette acceptation peut intervenir quand le tuteur a refusé d'accepter, ou seulement dans le cas où il se trouve absent ou empêché. La question doit être résolue dans le premier de ces deux sens, car si l'on considère la vigilance constante que la loi impose au tuteur, on voit que le législateur n'a pu prévoir le cas où il serait absent ou empêché.

Tout ce que nous venons de dire du mineur s'applique à l'interdit, aux termes du même article 935.

### § 4. — *Etablissements publics.*

Les établissements publics ne peuvent pas non plus accepter seuls une libéralité par l'intermédiaire de leur administrateur, et l'autorisation du chef de l'Etat est nécessaire pour valider leur acceptation (art. 910 et 937). Cette autorisation s'explique par des motifs tout différents de ceux que nous avons mentionnés pour le mineur et les femmes mariées, car si l'intérêt des établissements publics avait seul inspiré le législateur, le droit de faire acceptation aurait été laissé à la discrétion de leur administrateur légal. Le souverain, dont la sollicitude pour les intérêts généraux de la nation doit passer avant la protection due aux établissements publics, est chargé de vérifier la moralité et l'utilité des libéralités qui leur sont adressées; il veille à ce que les familles ne soient pas dépouillées, et à ce que les biens, en passant dans le sein des établissements de main-morte, ne soient pas pour toujours ravis à la circulation et au commerce.

Il peut donc arriver, et il arrive fréquemment que le chef de l'Etat s'oppose à l'acceptation des libéralités faites aux établissements publics, et, dans ce cas, on se demande quelles sont les personnes qui profitent des biens donnés; appartiennent-ils aux héritiers légitimes ou au légataire universel? Cette question n'est pas sans difficulté, car si, d'une part, l'intérêt des familles est la principale cause de l'intervention de l'Etat, on ne peut s'empêcher de reconnaître que l'intention du testateur a été de dépouiller ses héritiers légitimes, et que les legs particuliers constituent autant de démembrements de l'hérédité testamentaire; cependant la plupart des auteurs reconnaissent que les héritiers légitimes ont un droit acquis aux biens donnés, et qu'ils profitent seuls du refus d'autorisation.

Sous la dénomination d'établissements publics rentrent toutes les communautés religieuses autorisées, et on se demande si une communauté de fait, qui n'a reçu aucune consécration légale, ne peut accepter seule une libéralité; certains auteurs prétendent qu'une communauté n'existe légalement qu'autant qu'elle a été instituée par un décret, que l'Etat de fait est impuissant pour détruire la capacité des divers membres qui la composent, et que par conséquent les libéralités qui leur sont adressées sont valables; mais ce raisonnement spécieux manque de vérité, car il ne convient pas que les communautés non autorisées soient placées dans une situation plus avantageuse que celles qui ont une existence légale.

La loi du 24 mai 1825, relative aux communautés religieuses de femmes, s'occupe du cas particulier où les membres qui les composent se gratifient mutuellement, et dispose que ces libéralités ne sont valables qu'autant qu'elles n'excèdent pas le quart de la fortune de la donatrice. La Cour de cassation, ayant à statuer sur un legs fait par la supérieure d'une communauté non autorisée à une des religieuses, a fait l'application de cette loi.

### § 5. — *Enfants naturels.*

La loi, toujours favorable à la légitimité, a apporté une restriction à la capacité de recevoir des enfants naturels; elle n'a pas voulu que la famille souffrit des libéralités qui leur sont adressées, et que la filiation naturelle vint lui ravir une partie trop considérable de son patrimoine.

L'article 908 parle d'une manière générale des enfants naturels, et on s'est demandé si ce texte ne doit pas être restreint à ceux qui ont été légalement reconnus. Cette question ne peut être convenablement résolue qu'à l'aide de la distinction suivante : S'il s'agit d'une libéralité faite par la mère, cette libéralité pourra être attaquée, et réduite conformément à l'article 908, car la recherche de la maternité n'est pas interdite, et l'action des enfants légitimes de la donatrice est aussi favorable que celle que la loi donne à l'enfant pour rechercher sa filiation maternelle; si, au contraire, il s'agit d'une libéralité faite par le père ou plutôt par celui qui passe pour tel, la plupart des auteurs décident avec raison, en se fondant sur l'article 340 du Code Napoléon, que les parents légitimes du donateur n'ont aucune action.

### § 6. — *Tuteur par rapport à son pupille.*

L'article 907 déclare le pupille incapable de disposer à l'égard de son tuteur tant que le compte de tutelle n'a pas été rendu, et on se demande s'il s'agit réellement d'une incapacité de disposer par rapport au pupille ou d'une incapacité de recevoir par rapport au tuteur. Cette question doit être résolue dans ce dernier sens, malgré les termes dont se sert la loi; car les libéralités faites par un pupille à son tuteur n'exigent pas en elles-mêmes plus de jugement que celles qui s'adressent à des tiers, et la cause de leur infirmation se trouve uniquement dans la présomption de captation qui pèse sur le tuteur. Cela posé, nous résoudrons facilement une question qui s'est parfois présentée dans la pratique, et qui consiste à savoir si le testament fait au profit d'un tuteur par son pupille, capable de tester, produit son effet lorsque ce dernier vient à mourir après la reddition du compte de tutelle; s'il s'agissait d'une incapacité de disposer, il faudrait déclarer nulle la libéralité, car il est de principe, comme nous le verrons bientôt, que le testateur doit être capable à deux époques, *tempore facti testamenti* et *tempore mortis ;* mais comme nous venons d'établir que l'article 907 ne contient qu'une incapacité de recevoir, et qu'il suffit que le légataire soit capable au moment où il est saisi de son legs, nous déciderons que la libéralité adressée au tuteur produira son effet.

L'article 907, en déclarant les tuteurs incapables, formule une exception relative à ceux qui sont en même temps ascendants du pupille, et cette exception se justifie par les liens naturels d'affections qui les unissent à leurs pupilles.

### § 7. — *Médecins et ministres du culte par rapport aux personnes qu'ils ont assistées dans leur dernière maladie.*

Le législateur, plein de sollicitude pour toutes les faiblesses, a pensé avec raison que le malade, à son lit de mort, pourrait être facilement capté par les personnes qui l'entourent, et a frappé de nullité les libéralités faites aux médecins et aux ministres du culte.

On s'étonne au premier abord de trouver le pharmacien au nombre des personnes déclarées incapables par l'article 909, car sa mission se borne à délivrer les remèdes indiqués par le médecin; aussi la plupart des auteurs ont pensé que la loi ne l'a frappé d'incapacité que dans la prévision des cas assez rares aujourd'hui, mais autrefois très-fréquents, dans lesquels le pharmacien remplissait l'office de médecin.

Sous l'empire de l'ancienne jurisprudence, le confesseur était le seul des ministres du culte qui fût incapable de recevoir, et certains auteurs ont pensé en présence du silence de la loi qu'il en était de même aujourd'hui; mais cette opinion est à la fois contraire au texte et à l'esprit de l'article 909; car, si le confesseur seul était incapable, il serait trop facile au prêtre qui n'a pas quitté le chevet du malade d'éluder la prohibition de la loi en lui persuadant de se confesser à un autre.

La loi, tout en sauvegardant l'intérêt des familles contre la captation possible des personnes qui entourent les mourants, n'a pas voulu étouffer dans le cœur de ces derniers tout sentiment de reconnaissance; aussi leur a-t-elle permis toute libéralité à titre particulier et rémunératoire. De plus, il est des cas dans lesquels la présomption de captation doit disparaître, lorsqu'il s'agit, par exemple, de parents rapprochés, et nous trouvons dans l'article 909, que toutes les fois qu'il n'y a pas d'héritiers en ligne directe, le médecin et le ministre du culte, parents du défunt jusqu'au quatrième degré, peuvent valablement recevoir toute espèce de libéralités.

SECTION III.

### A quelle époque doit être vérifiée l'incapacité.

Le disposant doit, en règle générale, être capable au moment où il se dépouille irrévocablement, et la personne gratifiée au moment où elle est irrévocablement investie. Cette règle, très-simple en apparence, donne lieu cependant à quelques difficultés d'application qu'il est bon d'examiner; ainsi, par exemple, on se demande ce qu'il arrive dans le cas où une donation est faite et acceptée à des époques différentes et où la capacité des parties vient à changer dans l'intervalle. S'il s'agit du donateur, la capacité doit exister au moment de la donation et au moment de l'acceptation, parce que c'est elle qui donne lieu à la perfection du contrat; quant au donataire, il suffit qu'il soit capable au moment de l'acceptation, car, c'est alors seulement qu'il se trouve investi. — Les deux époques que nous venons de signaler se rencontrent toujours en matière de testament, et donnent lieu à l'application des mêmes principes.

3

SECTION IV.

## Conséquence de l'incapacité du donateur ou du donataire. — Moyens frauduleux pour l'éluder.

L'article 911, relatif au cas où une libéralité est intervenue entre personnes incapables, ne parle que de l'incapacité de recevoir, et on se demande quel est le sort d'une libéralité faite par un donateur ou testateur incapable : cette libéralité est radicalement nulle, car la nullité est la conséquence naturelle de toute infraction aux dispositions prohibitives de la loi, et si ce législateur s'est occupé spécialement de l'incapacité de recevoir, c'est pour frapper de nullité les libéralités qui, par leur forme, semblent vouloir s'y soustraire.

L'expérience a prouvé que deux moyens étaient habituellement employés pour éluder les incapacités formulées par la loi : le déguisement de la libéralité sous la forme d'un contrat intéressé, et l'interposition des personnes; aussi trouvons-nous dans l'article 911 ces deux genres de fraude rigoureusement proscrits.

La raison de la nullité que prononce l'article 911 ne se trouve pas dans la fraude employée par l'auteur de la libéralité, mais dans l'incapacité que cette fraude a pour but d'éluder; car il est de principe, en doctrine et en jurisprudence, que l'on peut toujours arriver indirectement au but que la loi permet d'atteindre d'une manière directe; toutefois, l'interposition de personnes est nulle toutes les fois qu'elle présente le caractère d'une substitution fidéicommissaire prohibée par l'article 896.

Le législateur ne se borne pas dans l'article 911 à proscrire le déguisement et l'interposition des personnes; il formule une présomption légale d'après laquelle certains parents sont toujours censés interposés pour faire parvenir les libéralités aux incapables. Cette présomption est fondée sur le lien étroit qui les unit, et a pour but d'éviter la preuve toujours difficile de l'interposition.

Hors les cas où l'interposition est légalement présumée, tous les genres de preuves sont admissibles pour la constater, et le juge peut déférer le serment à la personne directement gratifiée sur le point de savoir si elle a été chargée par le donateur de rendre à l'incapable l'objet de la libéralité.

### Questions.

Le testament fait par le majeur de seize ans produit-il ses effets pour la totalité des biens lorsque ce dernier vient à mourir après l'âge de vingt-un ans? — Non.

L'enfant naturel non reconnu est-il incapable de recevoir? — Distinction entre le cas où la libéralité émane de son père ou de sa mère.

Les communautés religieuses non autorisées ont-elles besoin pour recueillir une libéralité d'en obtenir l'autorisation du chef de l'Etat? — Oui.

La nullité qui, dans certains cas, frappe les libéralités déguisées est-elle la conséquence du déguisement? — Non.

L'article 907 formule-t-il une incapacité de disposer ou une incapacité de recevoir? — Une incapacité de recevoir.

# CODE DE PROCÉDURE.

## Procédure devant les Tribunaux de commerce.

**LIV. II, TIT. XXV** du Code de proc. civ., excepté l'article 420.

A côté des tribunaux civils qui sont les juges ordinaires de tous les citoyens, la loi a établi des juridictions spéciales, connues sous le nom de tribunaux de commerce, et chargées de statuer sur toutes les contestations qui s'élèvent en matière commerciale. Ces contestations, pour la plupart urgentes, exigent une prompte solution, et voilà la cause principale de la procédure particulière qui leur est consacrée dans le Code de procédure civile.

### 1° *Ajournement. — Comparution. — Délais.*

L'article 415 déclare que les demandes sont formées par exploit, et se borne à renvoyer à l'article 61 pour les éléments constitutifs de cet acte.

Les affaires commerciales sont, comme nous l'avons déjà dit, pour la plupart urgentes; aussi n'est-il pas étonnant que l'article 416 permette de réduire à un jour franc le délai de la comparution. Si l'urgence est telle, que si l'on donne un jour franc au défendeur il y ait danger de ne pas l'atteindre, le président du tribunal peut permettre au demandeur de l'assigner de jour à jour ou d'heure à heure, et nous trouvons même dans l'article 418, que dans les affaires maritimes, où il existe des parties non domiciliées, et dans celles où il s'agit d'agrès, de radoubs et de victuailles de vaisseaux prêts à mettre à la voile, l'assignation peut être donnée d'heure à heure, sans aucune autorisation du président, et le défaut est jugé sur-le-champ.

L'article 419 dispose que toute assignation donnée à bord d'un navire et à personne est valable; mais ce texte, littéralement entendu, ne nous apprend rien, car nous savons qu'une assignation peut être valablement remise au défendeur, partout où il est rencontré; mais comme on ne doit jamais considérer comme inutile une disposition de la loi, il faut en conclure que l'article 419 a pour objet de faire considérer le navire comme le domicile de toutes les personnes qui s'y trouvent, et que l'assignation peut aussi bien être donnée aux gens de l'équipage qu'à la personne à laquelle elle est destinée.

Aux termes de l'article 414, les parties n'ont pas besoin de se faire représenter par un mandataire légal, tel qu'un avoué : elles peuvent plaider elles-mêmes ou confier leur défense à un tiers; mais ce tiers ne peut agir qu'en vertu d'une procuration spéciale.

*2° Composition du tribunal. — Ministère public. — Jugement.*

Pour rendre une sentence valable, il faut, comme en matière civile, trois personnes ayant droit de juger, et on se demande si dans les tribunaux civils, jugeant commercialement, les affaires qui intéressent les incapables doivent être communiquées au ministère public; certains auteurs soutiennent, avec la jurisprudence, que la communication est nécessaire; mais il faut remarquer que les tribunaux civils, appelés à statuer sur une contestation commerciale, remplissent une mission toute différente de celle qui leur est ordinairement assignée; d'où la nécessité de ne suivre que les règles prescrites pour les procès commerciaux.

Le législateur renvoie, pour la rédaction et l'expédition des jugements, aux règles prescrites par les articles 141 et 146, et on se demande ce qu'il faut penser des qualités dont ces deux textes ne parlent pas : elles sont habituellement rédigées par les agréés qui se les communiquent, les corrigent, s'il y a lieu, et les transmettent au greffier.

Les règles relatives au délai de grâce sont les mêmes en matière commerciale qu'en matière civile; cependant il est des cas dans lesquels ce délai est formellement interdit; mais comme alors le défendeur peut, en faisant défaut, retarder de vingt jours l'exécution du jugement, les tribunaux, dans tous les cas, lui accordent ces vingt jours à titre de délai de grâce. Quant à la contrainte par corps, elle est régie par des principes tout différents de ceux qui lui sont applicables en matière civile, car elle constitue dans un cas une voie d'exécution ordinaire, et dans l'autre, une mesure tout à fait exceptionnelle. Cette différence s'explique par cette considération, que les retards dans l'exécution des obligations commerciales peuvent occasionner un préjudice irréparable.

Les règles relatives à la fixation des dommages sont les mêmes qu'en matière civile; seulement il ne peut jamais être question de restitutions de fruits, car les tribunaux de commerce ne connaissent que des contestations dont l'objet est mobilier.

En matière civile, l'exécution provisoire est exceptionnelle, tandis qu'en matière commerciale, elle est de droit commun; de plus, on se demande, en présence de l'article 439, si elle ne peut jamais avoir lieu de plein droit, et certains auteurs décident, en se fondant sur la dernière partie de ce texte, que les tribunaux n'ont pas besoin d'intervenir; mais il se trouve que l'hypothèse prévue dans la seconde partie de l'article 439 est moins favorable à l'exécution provisoire que celle dont parle la première; d'où il faut conclure que l'intervention des tribunaux est également nécessaire dans les deux cas, et que l'article 439 indique uniquement que dans les cas auxquels il fait allusion, l'exécution provisoire ne peut être ordonnée qu'à charge de fournir caution.


### 3° *Jugement par défaut. — Opposition.*


Les parties, avons-nous dit, peuvent comparaître par elles-mêmes ou par le ministère d'un fondé de procuration; mais il arrive fréquemment qu'elles font défaut, auquel cas il faut examiner la marche qui doit être suivie. L'article 434 distingue soigneusement le défaut du demandeur du défaut du défendeur, et déclare que si c'est le demandeur qui ne comparaît pas, le défendeur est renvoyé de la demande formée contre lui. Si c'est, au contraire, le défendeur qui fait défaut, le tribunal examine les conclusions du demandeur, et si elles lui paraissent fondées, il les consacre par un jugement. Ce jugement peut être attaqué par la voie de l'opposition, et il résulte de la combinaison de notre article 434 avec l'article 643 du Code de commerce, que les délais dans lesquels l'opposition peut être formée sont les mêmes pour les jugements rendus par les tribunaux de commerce que pour ceux rendus par les tribunaux civils (art. 156, 158, 159).

Il est à craindre, lorsqu'un jugement de défaut est rendu, que la partie condamnée n'ait pas eu connaissance de l'assignation; aussi l'article 435 déclare-t-il que ce jugement doit toujours être signifié par un huissier commis.

### 4° *Exceptions.*

La première exception dont il est parlé au Code de procédure est la caution *judicatum solvi ;* l'article 423 en dispense l'étranger devant les tribunaux de commerce.

Vient en second lieu l'exception d'incompétence. Il faut distinguer soigneusement l'incompétence simple de l'incompétence à raison de la matière. La première doit être proposée par les parties *in limine litis*, tandis que la seconde doit être déclarée d'office. Dans le cas où le déclinatoire est rejeté, l'article 425 donne aux tribunaux de commerce le droit de statuer par le même jugement sur l'incident et sur le fonds.

Nous trouvons dans le titre qui nous occupe une disposition relative à l'exception qui résulte des délais accordés par la loi pour faire inventaire et délibérer; mais cette disposition ne s'occupe que de la manière dont sera jugé l'incident; elle déclare que si l'héritier et la veuve actionnés contestent leur qualité, le tribunal de commerce doit surseoir et renvoyer le jugement de l'incident devant les tribunaux civils.

On se demande, en l'absence de toute disposition particulière, si l'exception de garantie peut être proposée devant les tribunaux de commerce, et la plupart des auteurs, raisonnant par analogie, décident la question affirmativement; mais M. Rodière soutient, avec beaucoup de raison, selon nous, l'opinion contraire; il se fonde sur ce que la plupart des matières commerciales sont urgentes, et que si l'on admettait l'exception de garantie, le demandeur éprouverait le plus souvent un préjudice irréparable.

On suit à l'égard des nullités les mêmes règles que devant les tribunaux civils; elles sont couvertes si elles ne sont pas proposées *in limine litis*.

Quant à la dernière exception, qui résulte de la communication des pièces, nous avons un texte particulier qui s'en occupe : ce texte, qui est celui de l'article 427, déclare que les tribunaux de commerce doivent renvoyer la connaissance de l'incident aux juges ordinaires.

**5° *Preuves*. —** *(Enquêtes, expertises, vérifications d'écritures, comparution personnelle, interrogatoire sur faits et articles).*

En matière commerciale, la preuve testimoniale est toujours admissible; seulement les juges sont libres de l'autoriser ou de la rejeter selon que les faits allégués par l'une des parties sont probables ou invraisemblables. Dans le cas où une enquête est ordonnée, on procède suivant les règles tracées au titre des matières sommaires; seulement l'art. 432 exige que les dépositions des témoins soient textuellement reproduites et signées par chacun d'eux.

Il arrive parfois qu'une affaire donne lieu à des comptes compliqués, auquel cas les tribunaux de commerce peuvent, aux termes de l'art. 429, renvoyer les parties devant des arbitres qui sont chargés de les concilier, si faire se peut, sinon, de donner leur avis (art. 429 et 430).

S'il y a des évaluations d'ouvrages à faire, on nomme également des experts dont le rapport est déposé au greffe avec celui des arbitres (art. 431); mais on se demande, en présence du silence de la loi, si ces deux rapports doivent être signifiés; en règle générale, les juges ne prennent connaissance des actes de procédure que sur l'expédition, et il semble résulter de cette règle que le rapport des experts, ainsi que celui des arbitres, doit être signifié ; mais si l'on considère les frais auxquels cette signification donnerait lieu et le caractère simple et abrégé de la procédure commerciale, on est porté à décider que la signification n'est pas nécessaire, et que les juges doivent prendre connaissance des rapports sur la minute.

L'art. 428 déclare, de la manière la plus formelle, que les tribunaux de commerce peuvent ordonner que les parties seront personnellement entendues ; mais il ne parle pas de l'interrogatoire sur faits et articles, et on se demande s'il peut être autorisé ; cet interrogatoire, ne présentant pas de grands avantages, je crois qu'il est prudent de décider, en l'absence de texte, qu'il ne s'applique pas aux matières commerciales.

Quant aux preuves littérales, elles peuvent être invoquées en matière commerciale comme en matière civile ; mais on se demande si l'on peut procéder devant les tribunaux consulaires à une vérification d'écriture ; il faut décider, en se fondant sur la difficulté même de cette vérification, que les tribunaux civils sont seuls compétents pour en connaître.

### 6° *Reprise d'instance.*

De ce que les parties n'ont pas de mandataire légal devant les tribunaux de commerce, il en résulte que l'instance ne peut jamais être mise hors de droit que par la mort de l'une des parties.

### 7° *Péremption.*

Une question qui divise les auteurs et la jurisprudence est celle de savoir si la péremption s'applique aux instances commerciales : la loi est muette à cet égard ; mais, en raisonnant par analogie, on voit que les motifs qui ont fait introduire la péremption par rapport aux procès civils s'appliquent aux procès commerciaux, et qu'il n'y a aucune raison de s'écarter à leur égard des règles ordinaires.

Mentionnons, en terminant l'art. 442, qui est le dernier du titre, et

d'après lequel les tribunaux consulaires ne connaissent jamais de l'exécution de leurs jugements.

Questions.

L'exception de garantie peut-elle être proposée devant les tribunaux
de commerce? — Non.

La péremption s'applique-t-elle aux instances commerciales. ? — Oui.

L'exécution provisoire a-t-elle lieu de plein droit en matière commerciale? — Non.

Les affaires commerciales qui intéressent les mineurs et les femmes
mariées doivent-elles être communiquées au ministère public, lorsque c'est
un tribunal civil qui remplit les fonctions de tribunal de commerce? —
Non.

# DROIT CRIMINEL.

*Des mises en accusation.*

Si les contraventions et les délits correctionnels peuvent et doivent, autant que possible, être portés devant les tribunaux compétents sur une simple citation, il n'en est pas de même des crimes qui rendent le prévenu passible d'une peine afflictive et infamante. Il importe, en effet, à cause de la gravité de la peine et de la difficulté que présentent les affaires criminelles, qu'on suive une marche plus lente et plus réfléchie, et qu'on ne s'expose pas, par trop de précipitation, à n'acquérir que des données vagues et fugitives. D'ailleurs il faut remarquer que la publicité des débats criminels et la solennité dont la loi les entoure, imprime au front des prévenus une flétrissure qu'un acquittement postérieur n'efface jamais complètement. De là la nécessité de ne commencer ces débats qu'autant qu'il existe des preuves sérieuses de culpabilité.

Avant la promulgation du Code qui nous régit, il existait auprès de chaque Cour un jury d'accusation qui examinait les charges, les pesait et décidait souverainement si le prévenu devait être relâché ou s'il devait être traduit devant les tribunaux criminels. Ce jury, importé d'Angleterre en même temps que le jury de jugement et consacré par les Codes du 29 septembre 1791 et du 3 brumaire an IV, fut aboli par la loi du 20 avril 1810, et remplacé par une chambre composée de magistrats pris dans le sein des Cours impériales, et désignée sous le nom de chambre d'accusation.

## Composition de la chambre d'accusation.

Aux termes des articles 2 et 12 du décret du 6 juillet 1810, la chambre d'accusation doit être composée de cinq membres au moins, et lorsque par hasard ce nombre ne se trouve pas réuni, il est nécessaire, aux termes de l'article 9 du même décret, d'avoir recours aux membres des autres chambres. Cette nécessité se présume par cela seul qu'il est énoncé dans l'arrêt qu'un ou plusieurs magistrats étrangers à la chambre ont été appelés pour la compléter, et la jurisprudence décide qu'il n'est pas indispensable de constater les empêchements qui les ont fait appeler. Toutefois il faut remarquer que cette jurisprudence ne s'applique nullement au cas où, pour compléter la chambre d'accusation, il a fallu, aux termes de l'article 49 du décret du 30 mars 1808, appeler un membre du barreau ; car il résulte d'un arrêt de la Cour de cassation du 5 novembre 1846, qu'il faut dans ce cas avoir soin de déclarer qu'on s'est adressé aux magistrats des autres chambres, et qu'ils se sont trouvés absents ou empêchés. Cette décision a été rendue contre un arrêt de la chambre d'accusation de la Cour d'Agen, qui s'était adjoint, sans aucune constatation d'empêchement ou d'absence, Me Baze, célèbre avocat du barreau de cette ville.

Les membres de la Cour qui doivent former la chambre d'accusation sont désignés et renouvelés chaque année par roulement, et, aux termes de l'article 4 de l'ordonnance de 1820, la répartition des conseillers se fait de manière à ce que les chambres criminelles soient toujours composées au moins pour moitié de conseillers qui ont déjà fait le service de ces chambres. D'après la même ordonnance combinée avec les dispositions législatives antérieures, les affaires criminelles occupaient exclusivement les chambres qui avaient pour mission de les juger ; mais l'ordonnance du 5 août 1844 a décidé que les membres composant la chambre d'accusation feraient le service des autres chambres toutes les fois que leur intervention serait jugée nécessaire : cette disposition, amenée par les exigences du service, a été vivement critiquée par plusieurs criminalistes, et notamment par M. Faustin Hélie qui la considère, non sans raison, comme ayant enlevé aux chambres criminelles leur unité et par suite leur force.

L'article 3 du décret du 6 juillet 1810 donne au procureur général le droit de réunir à la chambre d'accusation la chambre des appels de police correctionnelle après en avoir conféré avec le premier président, et on s'est demandé si l'assentiment de ce magistrat est indispensable ; la Cour de cassation, se fondant sur les termes formels du décret, a décidé que le procureur général n'est tenu de consulter le premier président que par déférence pour son autorité, et qu'il peut ordonner la réunion sans son assentiment.

Une autre question s'est présentée sur l'application de l'article 3 du décret du 6 juillet 1810 : c'est celle de savoir si les deux chambres réunies doivent statuer au nombre de dix ou de douze membres. La Cour de cassation a décidé pendant long-temps que le nombre de dix suffisait, mais il résulte de l'ordonnance du 24 septembre 1828 que les chambres réunies doivent statuer au nombre de douze magistrats.

SECTION II.

### Attributions de la chambre d'accusation.

Lorsque les opérations préalables de la police judiciaire sont terminées et que l'instruction est complète, le juge instructeur doit, aux termes de l'article 133 du Code d'instruction criminelle, ordonner que les pièces soient transmises sans délai par le procureur impérial au procureur général, et c'est à partir de ce moment que commence la procédure relative à la mise en accusation.

Dans les dix jours de la réception des pièces, le procureur général près la Cour impériale doit mettre l'affaire en état et faire son rapport à la chambre d'accusation. Cette chambre se réunit en audience secrète, entend le rapport du procureur général, et prend lecture de toutes les pièces de la procédure, sans que, dans aucun cas, elle puisse appeler devant elle le prévenu, les témoins ou la partie civile. Seulement l'article 217 réserve à toute partie intéressée la faculté de présenter tels mémoires qu'elle juge convenables, et ces mémoires sont déposés sur le bureau avec toutes les pièces de la procédure et les réquisitions écrites et signées du procureur général.

Dès que le procureur général a fait son rapport et que la lecture des pièces a eu lieu, ce magistrat se retire ainsi que le greffier, et il résulte de la combinaison des articles 219 et 225, que les juges doivent délibérer entre eux sans désemparer, et que le président est tenu de faire prononcer la section immédiatement, ou en cas d'impossibilité au plus tard dans les trois jours.

Il peut arriver que l'affaire dont les pièces ont été transmises au procureur général soit de celles que la loi réserve à la haute Cour de justice (article 54 de la Constitution du 14 janvier 1852); dans ce cas, le procureur général doit requérir le renvoi, et la section l'ordonner (article 220.)

Dans tous les autres cas, les juges doivent examiner s'il existe contre le prévenu des preuves ou indices suffisants; ils peuvent ordonner des informations nouvelles, et demander que les pièces de conviction déposées au greffe soient apportées devant eux.

Si sur l'examen de la procédure écrite et sur le rapport du procureur général; la Cour trouve des charges suffisantes, elle prononce la mise en accusation et le renvoi du prévenu devant les assises : cet arrêt de renvoi est accompagné d'une ordonnance de prise de corps qui doit contenir, pour être valable, les nom, prénoms, domicile et profession de l'accusé, ainsi que l'objet du délit (articles 232 et 233).

Si les délits sont connexes et que les pièces relatives à chacun d'entre eux se trouvent produites devant la Cour, elle doit statuer par un seul et même arrêt; de plus, cet arrêt doit comprendre tous les prévenus et tous les chefs de crimes, de délits ou de contraventions résultant de la procédure (articles 226-227 et 231).

L'arrêt de mise en accusation fixe d'une manière absolue la qualification légale du crime, et la Cour d'assises compétente pour le juger; aussi dès qu'il a été rendu, signification en est faite au prévenu qui doit, dans les vingt quatre heures, être transféré dans la maison de justice établie près cette Cour (articles 242 et 243).

Dans tous les cas où le prévenu sera renvoyé à la Cour d'assises, le procureur général donnera avis de l'arrêt de renvoi au maire du domicile de l'accusé, et à celui du lieu où le délit a été commis; il sera, en outre, tenu de dresser un acte d'accusation qui sera rédigé conformément à l'article 241 du Code d'instruction criminelle, et qui sera signifié à l'accusé en même temps que l'arrêt de renvoi (articles 241 et 245).

Si la Cour estime que les faits articulés contre le prévenu ne constituent qu'un délit correctionnel ou qu'une contravention, elle doit, aux termes de l'article 230, prononcer le renvoi en indiquant le tribunal compétent; toutefois il faut remarquer que l'arrêt qu'elle rend en pareil cas ne fixe pas d'une manière invariable la qualification du fait incriminé (article 230).

Si la Cour ne trouve pas dans l'instruction des charges suffisantes, elle ordonne la mise en liberté du prévenu; toutefois, il résulte de la combinaison des articles 229 et 246, que l'arrêt de non lieu n'a rien de définitif, et que le prévenu peut être repris toutes les fois qu'il survient des charges nouvelles.

Nous avons ainsi parcouru toute la période qui s'étend depuis l'envoi des pièces au procureur général jusqu'au renvoi du prévenu devant les juridictions de jugement, et nous avons examiné les attributions ordinaires de la chambre d'accusation; cette chambre jouit, en outre, d'une faculté spéciale dont il nous reste à parler pour terminer ce que nous avons à dire sur les mises en accusation.

Il est des cas dans lesquels les juges inférieurs, à raison de la position élevée des coupables, pourraient manquer d'indépendance; aussi la loi permet-elle, en pareille circonstance, aux chambres d'accusation d'évoquer l'instruction.

L'évocation peut avoir lieu de trois manières : elle émane tantôt des chambres assemblées de la Cour impériale (art. 11 de la loi du 20 avril

1810), tantôt de la chambre d'accusation elle-même (art. 235 du Code d'inst. crim.), et tantôt enfin du procureur général qui, aux termes de l'article 276, peut faire toutes les réquisitions qu'il juge convenable. Dans ces trois cas, le droit d'évocation est soumis à plusieurs conditions : ainsi il faut qu'il s'agisse de crimes, tout au moins de délits, qu'il n'ait pas encore été statué sur la mise en accusation, et que le juge d'instruction n'ait encore rendu aucune décision passée en force de chose jugée.

Toutes les fois que les Cours impériales usent du droit d'évocation, c'est un des membres de la chambre des mises en accusation qui doit faire les fonctions de juge instructeur.

La loi a ouvert contre les arrêts de la chambre d'accusation la voie du recours en cassation ; mais en consacrant ce recours en principe, elle a soumis son exercice à des conditions de délai et de forme dont l'explication nous entraînerait trop loin ; aussi, nous bornerons-nous à poser à cet égard quelques questions.

### Questions.

A qui appartient, du premier président ou du procureur général, le droit de prononcer la réunion de la chambre correctionnelle à la chambre d'accusation ? — Au procureur général.

Le prévenu renvoyé devant un tribunal de police ou un tribunal correctionnel, peut-il se pourvoir en cassation en se fondant sur ce que le fait incriminé ne constitue ni délit ni contravention ? — Non.

Le ministère public le peut-il en se fondant sur ce que le fait constitue un crime ? — Non.

Le ministère public peut-il se pourvoir contre un arrêt de non lieu ? Il ne le peut qu'autant que l'arrêt a statué en droit.

*Vu par le président de la Thèse*

**CHAUVEAU-ADOLPHE.**

Cette Thèse sera soutenue le 10 mai 1858, dans une des salles de la Faculté de Droit de Toulouse.

Toulouse, H. de Labouïsse-Rochefort, rue des Balances, 15.

LOIS